Caligrafia Divertida

Caligrafia Divertida

Aa

Bb Cc

Aa

A A A A A A A

a a a a a a a a

ÁRVORE

ÁRVORE

árvore

B b

B B B B B B

b b b b b b b b

BOLA

BOLA

bola

Bola

Bola

bola

Cc

c c c c c c

c c c c c c c c

CACHORRO

CACHORRO

cachorro

C c

C C C C C C C C

c c c c c c c c

Cachorro

Cachorro

cachorro

Dd

D D D D D D

d d d d d d d d

DADO

DADO

dado

D d

Dado

Dado

dado

Ee

ELEFANTE

ELEFANTE

elefante

E l

E E E E E E E E

l l l l l l l l

Elefante

Elefante

elefante

Ff

FLOR

FLOR

flor

Flor

Gg

G G G G G G

g g g g g g g g

GATO

GATO

gato

G g

Gato

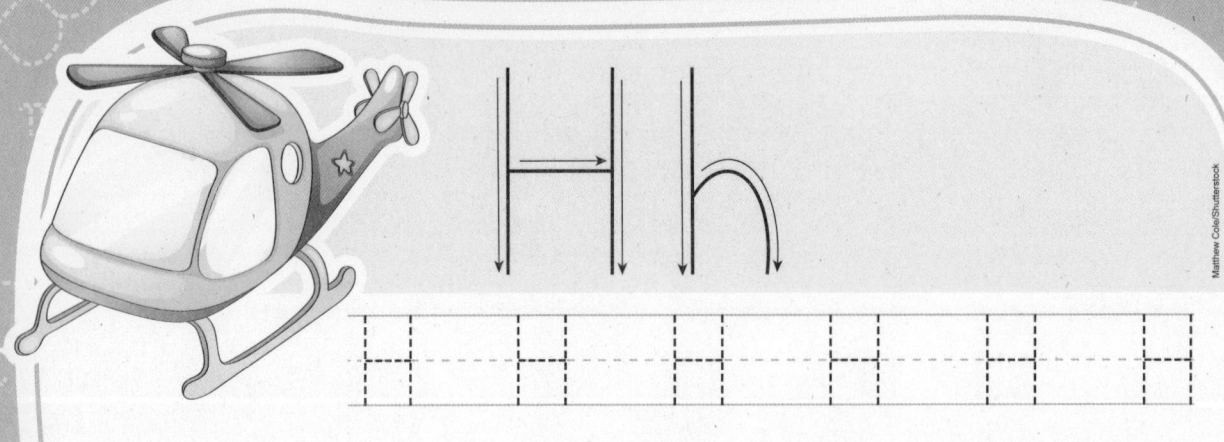

H h

HELICÓPTERO

HELICÓPTERO

helicóptero

H h

Helicóptero

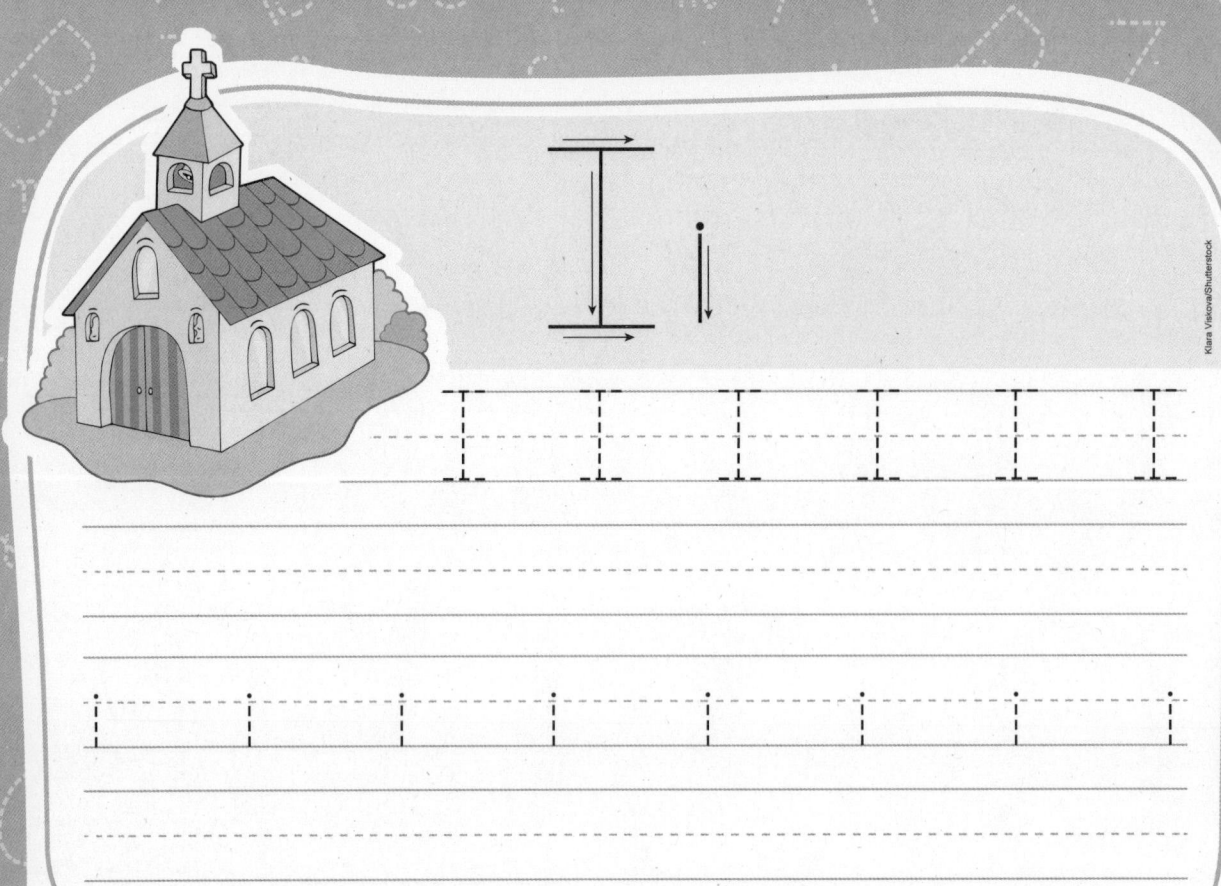

IGREJA

IGREJA

igreja

J j

j j j j j j j j

i i i i i i i i

Igreja

Igreja

igreja

Jj

JACARÉ

JACARÉ

jacaré

J j

Jacaré

KETCHUP

KETCHUP

ketchup

K k

Ketchup

Ketchup

ketchup

LEÃO

LEÃO

leão

L l

Leão

Leão

leão

M m

M M M M M

m m m m m m

MOCHILA

MOCHILA

mochila

M m

m m m m m m m m

m m m m m m m m

Mochila

Mochila

mochila

N n

N N N N N

n n n n n n

NAVIO

NAVIO

navio

N n

Navio

Navio

navio

Oo

ONDA

onda

Onda

Onda

onda

P p

P P P P P P P

p p p p p p p

PATO

PATO

pato

P p

p p p p p p p p

p p p p p p p p

Pato

pato

pato

Q q

Q Q Q Q Q Q

q q q q q q q q

QUADRO

QUADRO

quadro

Q q

Quadro

Quadro

quadro

R r R r

R R

r r r

R R R R

r r r r

RATO Rato

RATO

rato

Rato

rato

S s $\mathcal{S}$ s

S S

s s s s

$\mathcal{S}$ $\mathcal{S}$ $\mathcal{S}$ $\mathcal{S}$

s s s s

SORVETE $\mathcal{S}\mathit{orvete}$

SORVETE

sorvete

$\mathcal{S}\mathit{orvete}$

$\mathit{sorvete}$

T t 𝒯 𝓉

TESOURA *Tesoura*

TESOURA

tesoura

Tesoura

tesoura

U u 𝒰 𝓊

UVA Uva

uva

Uva

uva

V v U v

v v

v v v v

v v v v

v v v v

VACA Vaca

VACA

vaca

Vaca

vaca

W w 𝒲 𝓌

w w

w w w w

𝓌 𝓌 𝓌 𝓌

𝓌 𝓌 𝓌 𝓌

WILLIAN 𝓦𝒾𝓁𝓁𝒾𝒶𝓃

WILLIAN

Willian

𝒲𝒾𝓁𝓁𝒾𝒶𝓃

𝒲𝒾𝓁𝓁𝒾𝒶𝓃

Xx

XÍCARA *Xícara*

Y y 𝒴 𝓎

Y y Y y

Y Y Y Y

y y y y

y y y y

YASMIN Yasmin

YASMIN

Yasmin

Yasmin

yasmin

Z z

Z z

Z Z Z Z

ZEBRA zebra

ZEBRA

zebra

zebra

zebra

EXERCÍCIOS DE FIXAÇÃO

COMPLETE AS PALAVRAS COM AS SÍLABAS QUE FALTAM.

__DO

BO__

IGRE__

ÁR__RE

__VIO

__VA

XÍ__RA

EXERCÍCIOS DE FIXAÇÃO

LIGUE AS LETRAS MAIÚSCULAS ÀS LETRAS MINÚSCULAS.

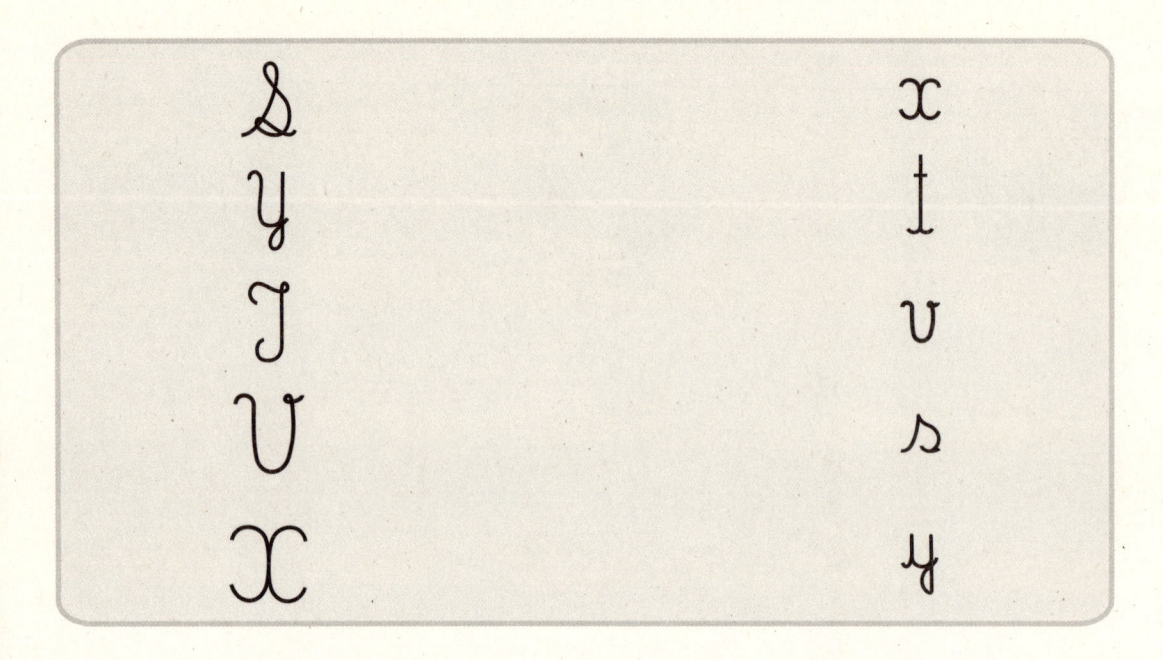

S   x

Y   t

J   v

U   s

X   y

AGORA ESCOLHA UMA LETRA E FAÇA UM DESENHO DE UM OBJETO QUE COMECE COM ELA.